This Journal Belongs to...

_____

_____

_____

And it STARTS HERE with your weight & measurements

Weight (weight on same scale each week)	
Bust (Measure around bust + nipples)	
Chest (Measure under breast)	
Waist (Measure smallest part of waist)	
Hips (measure around the largest part of hips)	
Thighs (Measure around the biggest part of each thigh)	
Caves (Measure around biggest part of each calf)	

Weight & Measurements for the Next 12 Weeks

	Weight	Bust	Chest	Waist	Hips	Thighs	Overall
Wk 1							
Wk 2							
Wk 3							
Wk 4							
Wk 5							
Wk 6							
Wk 7							
Wk 8							
Wk 9							
Wk 10							
Wk 3							
Wk 12							

You know the plan but to succeed you need to work it. There's no magic pill to melt the pounds off. So dig in. You know what you must do. Here's some tips to help:

1. Make sure you understand the eating plan.
2. Add the foods you enjoy to the foods list in the front of this journal, both free foods and those with points. That way they'll be front and center.
3. Add some type of physical activity everyday. Yes, EVERYDAY.
4. Drink plenty of water – 8 8-ounce glasses at a minimum.
5. Commit to tracking your eating and exercise every day, for the next 12 weeks (that's only 84 days and you'll have more than enough pages in this journal—we added 90).
6. To use this journal, start each morning with an affirmations to get yourself motivated. Affirmations are saying positive, "I can" statements to yourself, such as "I believe in myself and the power to stick to the plan," or "I am doing this, and my body is losing weight right now." And one our personal favorite, and the reason you're on this WW plan is, "I am letting go of any guild I hold around food."
7. Always try to do the best you can, but if you slip, don't beat yourself up. It happens and the best thing you can do is jump right back on the plan and move forward.
8. Once a week, weigh and measure yourself. Don't do it more than that. Your weight fluctuates day-to-day.
9. When you meet your goals, pamper yourself (non-food, of course). Treat yourself to a pedicure, a massage or buy yourself that new pair of jeans (size smaller... yeah).

Understand? Ready? Good, Let's Go!

If You're Tired of Starting Over...

STOP

GIVING

UP!

Free Food List

Free Food List

_____   _____

_____   _____

_____   _____

_____   _____

_____   _____

_____   _____

_____   _____

_____   _____

_____   _____

_____   _____

_____   _____

_____   _____

_____   _____

_____   _____

_____   _____

_____   _____

_____   _____

_____   _____

_____   _____

Food List with Points

_____   _____

_____   _____

_____   _____

_____   _____

_____   _____

_____   _____

_____   _____

_____   _____

_____   _____

_____   _____

_____   _____

_____   _____

_____   _____

_____   _____

_____   _____

_____   _____

_____   _____

_____   _____

_____   _____

_____   _____

Food List with Points

Today's Affirmation

Breakfast   Points

_____   _____

_____   _____

_____   _____

Lunch   Points

_____   _____

_____   _____

_____   _____

Dinner   Points

_____   _____

_____   _____

_____   _____

Snacks   Points

_____   _____

_____   _____

_____   _____

Physical Activity   Minutes   Total
                                                                    Points
_____   _____   for
                                                                    Day
_____   _____

_____   _____

Water

_____

Today's Affirmation

_____   _____
(write here)   (date)

Breakfast   Points

_____   _____

_____   _____

_____   _____

Lunch   Points

_____   _____

_____   _____

_____   _____

Dinner   Points

_____   _____

_____   _____

_____   _____

Snacks   Points

_____   _____

_____   _____

_____   _____

Physical Activity   Minutes   Total
                                                       Points
_____ _____   for
                                                       Day
_____ _____

_____ _____   _____

Water

Today's Affirmation

Breakfast   Points

_____ _____

_____ _____

_____ _____

Lunch   Points

_____ _____

_____ _____

_____ _____

Dinner   Points

_____ _____

_____ _____

_____ _____

Snacks   Points

_____ _____

_____ _____

_____ _____

Physical Activity	Minutes	Total Points for Day
_____	_____	
_____	_____	
_____	_____	

Water

_____

Today's Affirmation

_____   _____
(write here)   (date)

Breakfast   Points

_____   _____

_____   _____

_____   _____

Lunch   Points

_____   _____

_____   _____

_____   _____

Dinner   Points

_____   _____

_____   _____

_____   _____

Snacks   Points

_____   _____

_____   _____

_____   _____

Physical Activity   Minutes   Total
                                         Points

_____   _____   for

_____   _____   Day

_____   _____

Water

_____

Today's Affirmation

_____ _____
(write here)   (date)

Breakfast   Points

_____   _____

_____   _____

_____   _____

Lunch   Points

_____   _____

_____   _____

_____   _____

Dinner   Points

_____   _____

_____   _____

_____   _____

Snacks   Points

_____   _____

_____   _____

_____   _____

Physical Activity   Minutes   Total
                                                             Points
_____   _____   for
                                                              Day
_____   _____

_____   _____

Water   _____

Today's Affirmation

_____   _____

Breakfast   Points

_____   _____

_____   _____

_____   _____

Lunch   Points

_____   _____

_____   _____

_____   _____

Dinner   Points

_____   _____

_____   _____

_____   _____

Snacks   Points

_____   _____

_____   _____

_____   _____

Physical Activity   Minutes   Total
                                                    Points
_____   _____   for
                                                    Day
_____   _____

_____   _____

Water   _____

⊔ ⊔ ⊔ ⊔ ⊔ ⊔ ⊔ ⊔

Today's Affirmation

_____ _____

Breakfast   Points

_____   _____

_____   _____

_____   _____

Lunch   Points

_____   _____

_____   _____

_____   _____

Dinner   Points

_____   _____

_____   _____

_____   _____

Snacks   Points

_____   _____

_____   _____

_____   _____

Physical Activity   Minutes   Total
                                                                   Points
_____   _____   for
                                                                   Day
_____   _____

_____   _____

Water   _____
⎍ ⎍ ⎍ ⎍ ⎍ ⎍ ⎍ ⎍

Today's Affirmation

_____   _____
(write here)   (date)

Breakfast   Points

_____   _____

_____   _____

_____   _____

Lunch   Points

_____   _____

_____   _____

_____   _____

Dinner   Points

_____   _____

_____   _____

_____   _____

Snacks   Points

_____   _____

_____   _____

_____   _____

Physical Activity   Minutes   Total
                                                                Points
_____   _____   for
_____   _____   Day
_____   _____

Water   _____

⎷ ⎷ ⎷ ⎷ ⎷ ⎷ ⎷ ⎷

Today's Affirmation

_____   _____
(write here)   (date)

Breakfast   Points

_____   _____

_____   _____

_____   _____

Lunch   Points

_____   _____

_____   _____

_____   _____

Dinner   Points

_____   _____

_____   _____

_____   _____

Snacks   Points

_____   _____

_____   _____

_____   _____

Physical Activity   Minutes   Total
                                               Points
_____   _____   for
                                               Day
_____   _____

_____   _____

Water   _____

Today's Affirmation

_____   _____

Breakfast   Points
_____   _____
_____   _____
_____   _____

Lunch   Points
_____   _____
_____   _____
_____   _____

Dinner   Points
_____   _____
_____   _____
_____   _____

Snacks   Points
_____   _____
_____   _____
_____   _____

Physical Activity   Minutes   Total
_____   _____   Points
_____   _____   for
_____   _____   Day

Water

⏃ ⏃ ⏃ ⏃ ⏃ ⏃ ⏃ ⏃   _____

Today's Affirmation

_____ _____

Breakfast   Points

_____   _____

_____   _____

_____   _____

Lunch   Points

_____   _____

_____   _____

_____   _____

Dinner   Points

_____   _____

_____   _____

_____   _____

Snacks   Points

_____   _____

_____   _____

_____   _____

Physical Activity   Minutes   Total
                                                   Points
_____   _____   for
_____   _____   Day
_____   _____

                                                   _____

Water

Today's Affirmation

Breakfast   Points

_____   _____

_____   _____

_____   _____

Lunch   Points

_____   _____

_____   _____

_____   _____

Dinner   Points

_____   _____

_____   _____

_____   _____

Snacks   Points

_____   _____

_____   _____

_____   _____

Physical Activity   Minutes   Total
Points
for
Day

_____   _____

_____   _____

_____   _____

Water

∇∇∇∇∇∇∇∇   _____

Today's Affirmation

_____   _____
(write here)   (date)

Breakfast	Points
_____	____
_____	____
_____	____

Lunch	Points
_____	____
_____	____
_____	____

Dinner	Points
_____	____
_____	____
_____	____

Snacks	Points
_____	____
_____	____
_____	____

Physical Activity	Minutes	Total Points for Day
_____	_____	
_____	_____	
_____	_____	____

Water
⊔ ⊔ ⊔ ⊔ ⊔ ⊔ ⊔ ⊔

Today's Affirmation

_____   _____
(write here)   (date)

Breakfast   Points

_____   _____

_____   _____

_____   _____

Lunch   Points

_____   _____

_____   _____

_____   _____

Dinner   Points

_____   _____

_____   _____

_____   _____

Snacks   Points

_____   _____

_____   _____

_____   _____

Physical Activity   Minutes   Total
                                                       Points
_____   _____   for
                                                       Day
_____   _____

_____   _____   _____

Water

Today's Affirmation

_____   _____
(write here)   (date)

Breakfast   Points

_____   _____

_____   _____

_____   _____

Lunch   Points

_____   _____

_____   _____

_____   _____

Dinner   Points

_____   _____

_____   _____

_____   _____

Snacks   Points

_____   _____

_____   _____

_____   _____

Physical Activity   Minutes   Total
                                                     Points
_____ _____   for
                                                      Day
_____ _____

_____ _____   _____

Water

Today's Affirmation

_____   _____
(write here)   (date)

Breakfast   Points

_____   _____

_____   _____

_____   _____

Lunch   Points

_____   _____

_____   _____

_____   _____

Dinner   Points

_____   _____

_____   _____

_____   _____

Snacks   Points

_____   _____

_____   _____

_____   _____

Physical Activity   Minutes   Total
                                                    Points
_____   _____   for
                                                    Day
_____   _____

_____   _____

Water   _____

Today's Affirmation

_____   _____
(write here)   (date)

Breakfast   Points

_____   _____

_____   _____

_____   _____

Lunch   Points

_____   _____

_____   _____

_____   _____

Dinner   Points

_____   _____

_____   _____

_____   _____

Snacks   Points

_____   _____

_____   _____

_____   _____

Physical Activity   Minutes   Total
                                                       Points
_____   _____   for
                                                        Day
_____   _____

_____   _____

Water   _____

Today's Affirmation

_____   _____
(write here)   (date)

Breakfast   Points
_____   _____
_____   _____
_____   _____

Lunch   Points
_____   _____
_____   _____
_____   _____

Dinner   Points
_____   _____
_____   _____
_____   _____

Snacks   Points
_____   _____
_____   _____
_____   _____

Physical Activity   Minutes   Total
                                              Points
_____   _____   for
_____   _____   Day
_____   _____
                                              _____

Water

Today's Affirmation

_____   _____
                    (write here)   (date)

Breakfast   Points
_____   _____
_____   _____
_____   _____

Lunch   Points
_____   _____
_____   _____
_____   _____

Dinner   Points
_____   _____
_____   _____
_____   _____

Snacks   Points
_____   _____
_____   _____
_____   _____

Physical Activity   Minutes   Total
_____   _____   Points
_____   _____   for
_____   _____   Day

Water
▽ ▽ ▽ ▽ ▽ ▽ ▽ ▽   _____

Today's Affirmation

_____ _____
(write here)   (date)

Breakfast   Points

_____   ____
_____   ____
_____   ____

Lunch   Points

_____   ____
_____   ____
_____   ____

Dinner   Points

_____   ____
_____   ____
_____   ____

Snacks   Points

_____   ____
_____   ____
_____   ____

Physical Activity   Minutes   Total
                                                                  Points
_____   _____   for
_____   _____   Day
_____   _____

Water   ____

Today's Affirmation

_____   _____
(date)

	Points
Breakfast	

_____   _____

_____   _____

_____   _____

	Points
Lunch	

_____   _____

_____   _____

_____   _____

	Points
Dinner	

_____   _____

_____   _____

_____   _____

	Points
Snacks	

_____   _____

_____   _____

_____   _____

Physical Activity   Minutes   Total
                                                        Points
_____   _____   for
                                                        Day
_____   _____

_____   _____   _____

Water

Today's Affirmation

_____   _____

Breakfast   Points

_____   _____

_____   _____

_____   _____

Lunch   Points

_____   _____

_____   _____

_____   _____

Dinner   Points

_____   _____

_____   _____

_____   _____

Snacks   Points

_____   _____

_____   _____

_____   _____

Physical Activity   Minutes   Total
                                                             Points
_____   _____   for
                                                             Day
_____   _____

_____   _____   _____

Water

Today's Affirmation

_____ _____
(write here)   (date)

Breakfast   Points

_____   _____

_____   _____

_____   _____

Lunch   Points

_____   _____

_____   _____

_____   _____

Dinner   Points

_____   _____

_____   _____

_____   _____

Snacks   Points

_____   _____

_____   _____

_____   _____

Physical Activity   Minutes   Total
                                                                        Points
_____ _____   for
                                                                        Day
_____ _____

_____ _____   _____

Water

Today's Affirmation

_____   _____
(write here)   (date)

Breakfast   Points

_____   _____

_____   _____

_____   _____

Lunch   Points

_____   _____

_____   _____

_____   _____

Dinner   Points

_____   _____

_____   _____

_____   _____

Snacks   Points

_____   _____

_____   _____

_____

Physical Activity   Minutes   Total
                                                        Points

_____   _____   for

_____   _____   Day

_____   _____

Water   _____

▽ ▽ ▽ ▽ ▽ ▽ ▽ ▽

Today's Affirmation

_____ _____
(write here)   (date)

Breakfast   Points

_____   _____

_____   _____

_____   _____

Lunch   Points

_____   _____

_____   _____

_____   _____

Dinner   Points

_____   _____

_____   _____

_____   _____

Snacks   Points

_____   _____

_____   _____

_____   _____

Physical Activity   Minutes   Total
                                                            Points
_____   _____   for
                                                            Day
_____   _____

_____   _____

Water   _____

⊔ ⊔ ⊔ ⊔ ⊔ ⊔ ⊔ ⊔

Today's Affirmation

_____   _____
(write here)   (date)

Breakfast   Points

_____   _____

_____   _____

_____   _____

Lunch   Points

_____   _____

_____   _____

_____   _____

Dinner   Points

_____   _____

_____   _____

_____   _____

Snacks   Points

_____   _____

_____   _____

_____   _____

Physical Activity   Minutes   Total
                                                Points
_____   _____   for
                                                Day
_____   _____

_____   _____   _____

Water

Today's Affirmation

_____   _____

Breakfast   Points

_____   _____

_____   _____

_____   _____

Lunch   Points

_____   _____

_____   _____

_____   _____

Dinner   Points

_____   _____

_____   _____

_____   _____

Snacks   Points

_____   _____

_____   _____

_____   _____

Physical Activity   Minutes   Total
                                                 Points
_____   _____   for
                                                  Day
_____   _____

_____   _____   _____

Water

Today's Affirmation

_____   _____
(write here)   (date)

Breakfast   Points
_____   _____
_____   _____
_____   _____

Lunch   Points
_____   _____
_____   _____
_____   _____

Dinner   Points
_____   _____
_____   _____
_____   _____

Snacks   Points
_____   _____
_____   _____
_____   _____

Physical Activity   Minutes   Total
_____ _____   Points
_____ _____   for
_____ _____   Day

Water
⏢ ⏢ ⏢ ⏢ ⏢ ⏢ ⏢ ⏢   _____

Today's Affirmation

_____   _____
(write here)   (date)

Breakfast   Points

_____   _____

_____   _____

_____   _____

Lunch   Points

_____   _____

_____   _____

_____   _____

Dinner   Points

_____   _____

_____   _____

_____   _____

Snacks   Points

_____   _____

_____   _____

_____   _____

Physical Activity   Minutes   Total
                                                         Points
_____   _____   for
_____   _____   Day
_____   _____

Water
⎍ ⎍ ⎍ ⎍ ⎍ ⎍ ⎍ ⎍   _____

Today's Affirmation

_____   _____
(write here)   (date)

Breakfast   Points

_____   _____
_____   _____
_____   _____

Lunch   Points

_____   _____
_____   _____
_____   _____

Dinner   Points

_____   _____
_____   _____
_____   _____

Snacks   Points

_____   _____
_____   _____
_____   _____

Physical Activity   Minutes   Total
                                                 Points
_____ _____   for
_____ _____   Day
_____ _____

                                                 _____

Water

Today's Affirmation

_____ _____

Breakfast   Points

_____   _____

_____   _____

_____   _____

Lunch   Points

_____   _____

_____   _____

_____   _____

Dinner   Points

_____   _____

_____   _____

_____   _____

Snacks   Points

_____   _____

_____   _____

_____   _____

Physical Activity   Minutes   Total
                                           Points
_____   _____   for
                                           Day
_____   _____

_____   _____   _____

Water

Today's Affirmation

_____   _____
(write here)   (date)

Breakfast   Points

_____   _____

_____   _____

_____   _____

Lunch   Points

_____   _____

_____   _____

_____   _____

Dinner   Points

_____   _____

_____   _____

_____   _____

Snacks   Points

_____   _____

_____   _____

_____   _____

Physical Activity   Minutes   Total
                                                             Points
_____   _____   for
                                                             Day
_____   _____

_____   _____   _____

Water

Today's Affirmation

_____   _____
(write here)   (date)

Breakfast   Points

_____   _____

_____   _____

_____   _____

Lunch   Points

_____   _____

_____   _____

_____   _____

Dinner   Points

_____   _____

_____   _____

_____   _____

Snacks   Points

_____   _____

_____   _____

_____   _____

Physical Activity   Minutes   Total
                                                                        Points
_____   _____   for
                                                                        Day
_____   _____

_____   _____

Water   _____

Today's Affirmation

_____   _____
(write here)   (date)

Breakfast   Points

_____   _____

_____   _____

_____   _____

Lunch   Points

_____   _____

_____   _____

_____   _____

Dinner   Points

_____   _____

_____   _____

_____   _____

Snacks   Points

_____   _____

_____   _____

_____   _____

Physical Activity   Minutes   Total
                                                                          Points
_____   _____   for
                                                                          Day
_____   _____

_____   _____   _____

Water

Today's Affirmation

_____   _____
(write here)   (date)

Breakfast   Points

_____   _____

_____   _____

_____   _____

Lunch   Points

_____   _____

_____   _____

_____   _____

Dinner   Points

_____   _____

_____   _____

_____   _____

Snacks   Points

_____   _____

_____   _____

_____   _____

Physical Activity   Minutes   Total
                                             Points
_____   _____   for
                                             Day
_____   _____

_____   _____

Water   _____

Today's Affirmation

_____   _____
(write here)   (date)

Breakfast   Points

_____   _____

_____   _____

_____   _____

Lunch   Points

_____   _____

_____   _____

_____   _____

Dinner   Points

_____   _____

_____   _____

_____   _____

Snacks   Points

_____   _____

_____   _____

_____   _____

Physical Activity   Minutes   Total
                                        Points

_____   _____   for

_____   _____   Day

_____   _____

Water

▽ ▽ ▽ ▽ ▽ ▽ ▽ ▽   _____

Today's Affirmation

_____ _____
(write here)   (date)

Breakfast   Points

_____   _____

_____   _____

_____   _____

Lunch   Points

_____   _____

_____   _____

_____   _____

Dinner   Points

_____   _____

_____   _____

_____   _____

Snacks   Points

_____   _____

_____   _____

_____   _____

Physical Activity   Minutes   Total
                                                      Points
_____   _____   for
                                                      Day
_____   _____

_____   _____   _____

Water

Today's Affirmation

Breakfast   Points

_____   _____

_____   _____

_____   _____

Lunch   Points

_____   _____

_____   _____

_____   _____

Dinner   Points

_____   _____

_____   _____

_____   _____

Snacks   Points

_____   _____

_____   _____

_____   _____

Physical Activity   Minutes   Total
                                              Points

_____   _____   for

_____   _____   Day

_____   _____

Water

                                              _____

Today's Affirmation

_____   _____
(write here)   (date)

Breakfast   Points
_____ _____
_____ _____
_____ _____

Lunch   Points
_____ _____
_____ _____
_____ _____

Dinner   Points
_____ _____
_____ _____
_____ _____

Snacks   Points
_____ _____
_____ _____
_____ _____

Physical Activity   Minutes   Total
_____   _____   Points
_____   _____   for
_____   _____   Day

Water   _____

⛶ ⛶ ⛶ ⛶ ⛶ ⛶ ⛶ ⛶

Today's Affirmation

_____   _____
(write here)   (date)

Breakfast   Points

_____   _____

_____   _____

_____   _____

Lunch   Points

_____   _____

_____   _____

_____   _____

Dinner   Points

_____   _____

_____   _____

_____   _____

Snacks   Points

_____   _____

_____   _____

_____   _____

Physical Activity   Minutes   Total
                                                      Points
_____   _____   for
                                                      Day
_____   _____

_____   _____   _____

Water

Today's Affirmation

_____   _____
(write here)   (date)

Breakfast   Points

_____   _____

_____   _____

_____   _____

Lunch   Points

_____   _____

_____   _____

_____   _____

Dinner   Points

_____   _____

_____   _____

_____   _____

Snacks   Points

_____   _____

_____   _____

_____   _____

Physical Activity   Minutes   Total
                                              Points

_____   _____   for

_____   _____   Day

_____   _____

Water   _____

▽ ▽ ▽ ▽ ▽ ▽ ▽ ▽

Today's Affirmation

_____   _____

Breakfast   Points

_____   _____

_____   _____

_____   _____

Lunch   Points

_____   _____

_____   _____

_____   _____

Dinner   Points

_____   _____

_____   _____

_____   _____

Snacks   Points

_____   _____

_____   _____

_____   _____

Physical Activity   Minutes   Total
                                               Points
_____   _____   for
                                               Day
_____   _____

_____   _____   _____

Water

Today's Affirmation

_____ _____

Breakfast   Points

_____   ____
_____   ____
_____   ____

Lunch   Points

_____   ____
_____   ____
_____   ____

Dinner   Points

_____   ____
_____   ____
_____   ____

Snacks   Points

_____   ____
_____   ____
_____   ____

Physical Activity   Minutes   Total
                                                   Points
_____   _____   for
_____   _____   Day
_____   _____
                                                   ____
Water

Today's Affirmation

_____   _____
(write here)   (date)

Breakfast   Points

_____   _____

_____   _____

_____   _____

Lunch   Points

_____   _____

_____   _____

_____   _____

Dinner   Points

_____   _____

_____   _____

_____   _____

Snacks   Points

_____   _____

_____   _____

_____   _____

Physical Activity   Minutes   Total
                                                          Points
_____   _____   for
                                                          Day
_____   _____

_____   _____   _____

Water

Today's Affirmation

_____   _____
(write here)   (date)

Breakfast   Points

_____   _____

_____   _____

_____   _____

Lunch   Points

_____   _____

_____   _____

_____   _____

Dinner   Points

_____   _____

_____   _____

_____   _____

Snacks   Points

_____   _____

_____   _____

_____   _____

Physical Activity   Minutes   Total
                                                     Points
_____   _____   for
                                                     Day
_____   _____

_____   _____

Water
                                                     _____

⊔ ⊔ ⊔ ⊔ ⊔ ⊔ ⊔ ⊔

Today's Affirmation

_____   _____
(write here)   (date)

Breakfast   Points
_____   _____
_____   _____
_____   _____

Lunch   Points
_____   _____
_____   _____
_____   _____

Dinner   Points
_____   _____
_____   _____
_____   _____

Snacks   Points
_____   _____
_____   _____
_____   _____

Physical Activity   Minutes   Total
_____   _____   Points
_____   _____   for
_____   _____   Day

Water   _____

Today's Affirmation

_____ _____
(write here)   (date)

Breakfast   Points

_____ _____

_____ _____

_____ _____

Lunch   Points

_____ _____

_____ _____

_____ _____

Dinner   Points

_____ _____

_____ _____

_____ _____

Snacks   Points

_____ _____

_____ _____

_____ _____

Physical Activity   Minutes   Total
                                                  Points
_____ _____   for
                                                  Day
_____ _____

_____ _____

Water   _____

Today's Affirmation

_____ _____

Breakfast   Points

_____   _____

_____   _____

_____   _____

Lunch   Points

_____   _____

_____   _____

_____   _____

Dinner   Points

_____   _____

_____   _____

_____   _____

Snacks   Points

_____   _____

_____   _____

_____   _____

Physical Activity   Minutes   Total
                                          Points
_____   _____   for
                                            Day
_____   _____

_____   _____

Water   _____

Today's Affirmation

_____ _____

Breakfast   Points
_____   _____
_____   _____
_____   _____

Lunch   Points
_____   _____
_____   _____
_____   _____

Dinner   Points
_____   _____
_____   _____
_____   _____

Snacks   Points
_____   _____
_____   _____
_____   _____

Physical Activity   Minutes   Total
_____   _____   Points
_____   _____   for
_____   _____   Day

Water   _____
▽ ▽ ▽ ▽ ▽ ▽ ▽ ▽

Today's Affirmation

_____   _____
(write here)   (date)

Breakfast   Points

_____   _____

_____   _____

_____   _____

Lunch   Points

_____   _____

_____   _____

_____   _____

Dinner   Points

_____   _____

_____   _____

_____   _____

Snacks   Points

_____   _____

_____   _____

_____   _____

Physical Activity   Minutes   Total
                                           Points
_____   _____   for
                                            Day
_____   _____

_____   _____   _____

Water

⊔ ⊔ ⊔ ⊔ ⊔ ⊔ ⊔ ⊔

Today's Affirmation

_____   _____
(write here)   (date)

Breakfast   Points
_____   ____
_____   ____
_____   ____

Lunch   Points
_____   ____
_____   ____
_____   ____

Dinner   Points
_____   ____
_____   ____
_____   ____

Snacks   Points
_____   ____
_____   ____
_____   ____

Physical Activity   Minutes   Total
_____   _____   Points
_____   _____   for
_____   _____   Day

Water   ____
⬡ ⬡ ⬡ ⬡ ⬡ ⬡ ⬡ ⬡

Today's Affirmation

_____   _____

Breakfast   Points
_____   _____
_____   _____
_____   _____

Lunch   Points
_____   _____
_____   _____
_____   _____

Dinner   Points
_____   _____
_____   _____
_____   _____

Snacks   Points
_____   _____
_____   _____
_____   _____

Physical Activity   Minutes   Total
                                                   Points
_____ _____   for
_____ _____   Day
_____ _____

Water   _____

Today's Affirmation

_____ _____

Breakfast   Points

_____   _____

_____   _____

_____   _____

Lunch   Points

_____   _____

_____   _____

_____   _____

Dinner   Points

_____   _____

_____   _____

_____   _____

Snacks   Points

_____   _____

_____   _____

_____   _____

Physical Activity   Minutes   Total
                                             Points
_____   _____   for
_____   _____   Day
_____   _____

Water   _____

⬛ ⬛ ⬛ ⬛ ⬛ ⬛ ⬛ ⬛

Today's Affirmation

_____ _____
(write here)   (date)

Breakfast   Points

_____   _____

_____   _____

_____   _____

Lunch   Points

_____   _____

_____   _____

_____   _____

Dinner   Points

_____   _____

_____   _____

_____   _____

Snacks   Points

_____   _____

_____   _____

_____   _____

Physical Activity   Minutes   Total
                                        Points
_____   _____   for
                                          Day
_____   _____

_____   _____   _____

Water

Today's Affirmation

_____ _____
(write here)   (date)

Breakfast   Points

_____   _____

_____   _____

_____   _____

Lunch   Points

_____   _____

_____   _____

_____   _____

Dinner   Points

_____   _____

_____   _____

_____   _____

Snacks   Points

_____   _____

_____   _____

_____   _____

Physical Activity   Minutes   Total
                                                Points
_____   _____   for
                                                Day
_____   _____

_____   _____

Water   _____

⊔ ⊔ ⊔ ⊔ ⊔ ⊔ ⊔ ⊔

Today's Affirmation

_____   _____
(write here)   (date)

Breakfast   Points

_____   _____

_____   _____

_____   _____

Lunch   Points

_____   _____

_____   _____

_____   _____

Dinner   Points

_____   _____

_____   _____

_____   _____

Snacks   Points

_____   _____

_____   _____

_____   _____

Physical Activity   Minutes   Total
                                                Points
_____   _____   for
_____   _____   Day
_____   _____

Water   _____

⊔ ⊔ ⊔ ⊔ ⊔ ⊔ ⊔ ⊔

Today's Affirmation

Breakfast   Points

_____   _____

_____   _____

_____   _____

Lunch   Points

_____   _____

_____   _____

_____   _____

Dinner   Points

_____   _____

_____   _____

_____   _____

Snacks   Points

_____   _____

_____   _____

_____   _____

Physical Activity   Minutes   Total
                                             Points
_____   _____   for
                                             Day
_____   _____

_____   _____

Water   _____

⬓ ⬓ ⬓ ⬓ ⬓ ⬓ ⬓ ⬓

Today's Affirmation

_____ _____
(write here)   (date)

Breakfast   Points
_____ _____
_____ _____
_____ _____

Lunch   Points
_____ _____
_____ _____
_____ _____

Dinner   Points
_____ _____
_____ _____
_____ _____

Snacks   Points
_____ _____
_____ _____
_____ _____

Physical Activity   Minutes   Total
                                                  Points
_____ _____   for
_____ _____   Day
_____ _____

Water   _____
⊔ ⊔ ⊔ ⊔ ⊔ ⊔ ⊔ ⊔

Today's Affirmation

_____   _____
(write here)   (date)

Breakfast   Points

_____   ____

_____   ____

_____   ____

Lunch   Points

_____   ____

_____   ____

_____   ____

Dinner   Points

_____   ____

_____   ____

_____   ____

Snacks   Points

_____   ____

_____   ____

_____   ____

Physical Activity   Minutes   Total
                                                                Points
_____   _____   for
                                                                Day
_____   _____

_____   _____

Water   ____
⊔ ⊔ ⊔ ⊔ ⊔ ⊔ ⊔ ⊔

Today's Affirmation

_____   _____

Breakfast   Points

_____   ____

_____   ____

_____   ____

Lunch   Points

_____   ____

_____   ____

_____   ____

Dinner   Points

_____   ____

_____   ____

_____   ____

Snacks   Points

_____   ____

_____   ____

_____   ____

Physical Activity   Minutes   Total
                                          Points

_____   _____   for

_____   _____   Day

_____   _____

Water

▽ ▽ ▽ ▽ ▽ ▽ ▽ ▽   ____

Today's Affirmation

_____ _____
(write here)   (date)

Breakfast   Points

_____   _____

_____   _____

_____   _____

Lunch   Points

_____   _____

_____   _____

_____   _____

Dinner   Points

_____   _____

_____   _____

_____   _____

Snacks   Points

_____   _____

_____   _____

_____   _____

Physical Activity   Minutes   Total
                                                                    Points
_____   _____   for
                                                                    Day
_____   _____

_____   _____

Water   _____

Today's Affirmation

_____   _____
(write here)   (date)

Breakfast   Points
_____   _____
_____   _____
_____   _____

Lunch   Points
_____   _____
_____   _____
_____   _____

Dinner   Points
_____   _____
_____   _____
_____   _____

Snacks   Points
_____   _____
_____   _____
_____   _____

Physical Activity   Minutes   Total
_____   _____   Points
_____   _____   for
_____   _____   Day

Water   _____

Today's Affirmation

_____ _____
(date)

Breakfast	Points
_____	_____
_____	_____
_____	_____

Lunch	Points
_____	_____
_____	_____
_____	_____

Dinner	Points
_____	_____
_____	_____
_____	_____

Snacks	Points
_____	_____
_____	_____
_____	_____

Physical Activity	Minutes	Total Points for Day
_____	_____	
_____	_____	
_____	_____	_____

Water
▽ ▽ ▽ ▽ ▽ ▽ ▽ ▽

Today's Affirmation

_____   _____
(write here)   (date)

Breakfast   Points

_____   _____

_____   _____

_____   _____

Lunch   Points

_____   _____

_____   _____

_____   _____

Dinner   Points

_____   _____

_____   _____

_____   _____

Snacks   Points

_____   _____

_____   _____

_____   _____

Physical Activity   Minutes   Total
                                            Points
_____   _____   for
                                            Day
_____   _____

_____   _____   _____

Water

▽ ▽ ▽ ▽ ▽ ▽ ▽ ▽

Today's Affirmation

_____   _____

Breakfast   Points
_____   _____
_____   _____
_____   _____

Lunch   Points
_____   _____
_____   _____
_____   _____

Dinner   Points
_____   _____
_____   _____
_____   _____

Snacks   Points
_____   _____
_____   _____
_____   _____

Physical Activity   Minutes   Total
                                                              Points
_____   _____   for
_____   _____   Day
_____   _____

Water
_____

Today's Affirmation

_____   _____
(write here)   (date)

Breakfast   Points

_____   _____

_____   _____

_____   _____

Lunch   Points

_____   _____

_____   _____

_____   _____

Dinner   Points

_____   _____

_____   _____

_____   _____

Snacks   Points

_____   _____

_____   _____

_____   _____

Physical Activity   Minutes   Total
                                                   Points
_____   _____   for
                                                   Day
_____   _____

_____   _____   _____

Water

Today's Affirmation

_____ _____
(write here)   (date)

Breakfast   Points
_____   _____
_____   _____
_____   _____

Lunch   Points
_____   _____
_____   _____
_____   _____

Dinner   Points
_____   _____
_____   _____
_____   _____

Snacks   Points
_____   _____
_____   _____
_____   _____

Physical Activity   Minutes   Total
_____ _____   Points
_____ _____   for
_____ _____   Day

Water
                                                              _____

Today's Affirmation

_____ _____
(write here)   (date)

Breakfast   Points

_____   _____

_____   _____

_____   _____

Lunch   Points

_____   _____

_____   _____

_____   _____

Dinner   Points

_____   _____

_____   _____

_____   _____

Snacks   Points

_____   _____

_____   _____

_____   _____

Physical Activity   Minutes   Total
                                                                    Points
_____ _____   for
                                                                    Day
_____ _____

_____ _____

Water   _____

 ▽ ▽ ▽ ▽ ▽ ▽ ▽ ▽

Today's Affirmation

_____   _____
(write here)   (date)

Breakfast   Points

_____   _____

_____   _____

_____   _____

Lunch   Points

_____   _____

_____   _____

_____   _____

Dinner   Points

_____   _____

_____   _____

_____   _____

Snacks   Points

_____   _____

_____   _____

_____   _____

Physical Activity   Minutes   Total
                                                  Points
_____   _____   for
                                                  Day
_____   _____

_____   _____   _____

Water

⊔ ⊔ ⊔ ⊔ ⊔ ⊔ ⊔ ⊔

Today's Affirmation

(write here)   (date)

Breakfast   Points

_____ ____

_____ ____

_____ ____

Lunch   Points

_____ ____

_____ ____

_____ ____

Dinner   Points

_____ ____

_____ ____

_____ ____

Snacks   Points

_____ ____

_____ ____

_____ ____

Physical Activity   Minutes   Total

_____ _____ Points

_____ _____ for

_____ _____ Day

Water

____

Today's Affirmation

_____   _____
(write here)   (date)

Breakfast   Points

_____   _____

_____   _____

_____   _____

Lunch   Points

_____   _____

_____   _____

_____   _____

Dinner   Points

_____   _____

_____   _____

_____   _____

Snacks   Points

_____   _____

_____   _____

_____   _____

Physical Activity   Minutes   Total
                                                    Points
_____   _____   for
                                                    Day
_____   _____

_____   _____   _____

Water

Today's Affirmation

_____ _____

(write here)   (date)

Breakfast   Points

_____ _____

_____ _____

_____ _____

Lunch   Points

_____ _____

_____ _____

_____ _____

Dinner   Points

_____ _____

_____ _____

_____ _____

Snacks   Points

_____ _____

_____ _____

_____ _____

Physical Activity   Minutes   Total

Points

_____ _____   for

_____ _____   Day

_____ _____

Water   _____

▽▽▽▽▽▽▽▽

Today's Affirmation

_____ _____
(write here)   (date)

Breakfast   Points
_____   _____
_____   _____
_____   _____

Lunch   Points
_____   _____
_____   _____
_____   _____

Dinner   Points
_____   _____
_____   _____
_____   _____

Snacks   Points
_____   _____
_____   _____
_____   _____

Physical Activity   Minutes   Total
_____   _____   Points
_____   _____   for
_____   _____   Day

Water

_____

Today's Affirmation

_____   _____

Breakfast   Points

_____   _____

_____   _____

_____   _____

Lunch   Points

_____   _____

_____   _____

_____   _____

Dinner   Points

_____   _____

_____   _____

_____   _____

Snacks   Points

_____   _____

_____   _____

_____   _____

Physical Activity   Minutes   Total
                                                              Points
_____   _____   for
                                                              Day
_____   _____

_____   _____

Water
                                                              _____

Today's Affirmation

_____   _____
(write here)   (date)

Breakfast   Points

_____   _____

_____   _____

_____   _____

Lunch   Points

_____   _____

_____   _____

_____   _____

Dinner   Points

_____   _____

_____   _____

_____   _____

Snacks   Points

_____   _____

_____   _____

_____   _____

Physical Activity   Minutes   Total
                                                                    Points
_____   _____   for
                                                                    Day
_____   _____

_____   _____

Water   _____

Today's Affirmation

_____ _____

Breakfast   Points

_____ _____

_____ _____

_____ _____

Lunch   Points

_____ _____

_____ _____

_____ _____

Dinner   Points

_____ _____

_____ _____

_____ _____

Snacks   Points

_____ _____

_____ _____

_____ _____

Physical Activity   Minutes   Total
                                                      Points
_____   _____   for
_____   _____   Day
_____   _____

                                                      _____

Water

Today's Affirmation

_____   _____

Breakfast   Points

_____   _____

_____   _____

_____   _____

Lunch   Points

_____   _____

_____   _____

_____   _____

Dinner   Points

_____   _____

_____   _____

_____   _____

Snacks   Points

_____   _____

_____   _____

_____   _____

Physical Activity   Minutes   Total
                                                               Points
_____   _____   for
                                                               Day
_____   _____

_____   _____   _____

Water

$\square\square\square\square\square\square\square\square$

Today's Affirmation

_____   _____
(write here)   (date)

Breakfast   Points

_____   _____

_____   _____

_____   _____

Lunch   Points

_____   _____

_____   _____

_____   _____

Dinner   Points

_____   _____

_____   _____

_____   _____

Snacks   Points

_____   _____

_____   _____

_____   _____

Physical Activity   Minutes   Total
                                                         Points
_____   _____   for
                                                          Day
_____   _____

_____   _____   _____

Water

Today's Affirmation

_____   _____
(write here)   (date)

Breakfast   Points

_____   _____

_____   _____

_____   _____

Lunch   Points

_____   _____

_____   _____

_____   _____

Dinner   Points

_____   _____

_____   _____

_____   _____

Snacks   Points

_____   _____

_____   _____

_____   _____

Physical Activity   Minutes   Total
                                                   Points
_____   _____   for
                                                    Day
_____   _____

_____   _____

Water
                                                   _____

Today's Affirmation

_____   _____
(write here)   (date)

Breakfast   Points
_____   _____
_____   _____
_____   _____

Lunch   Points
_____   _____
_____   _____
_____   _____

Dinner   Points
_____   _____
_____   _____
_____   _____

Snacks   Points
_____   _____
_____   _____
_____   _____

Physical Activity   Minutes   Total
                                         Points
_____ _____   for
_____ _____   Day
_____ _____

Water   _____

⊔ ⊔ ⊔ ⊔ ⊔ ⊔ ⊔ ⊔

Today's Affirmation

_____   _____
(write here)   (date)

Breakfast   Points
_____   _____
_____   _____
_____   _____

Lunch   Points
_____   _____
_____   _____
_____   _____

Dinner   Points
_____   _____
_____   _____
_____   _____

Snacks   Points
_____   _____
_____   _____
_____   _____

Physical Activity   Minutes   Total
_____   _____   Points
_____   _____   for
_____   _____   Day

Water
⨆ ⨆ ⨆ ⨆ ⨆ ⨆ ⨆ ⨆   _____

Today's Affirmation

_____   _____
(write here)   (date)

Breakfast   Points
_____ _____
_____ _____
_____ _____

Lunch   Points
_____ _____
_____ _____
_____ _____

Dinner   Points
_____ _____
_____ _____
_____ _____

Snacks   Points
_____ _____
_____ _____
_____ _____

Physical Activity   Minutes   Total
                                                                Points
_____ _____   for
_____ _____   Day
_____ _____

                                                                _____

Water
▽ ▽ ▽ ▽ ▽ ▽ ▽ ▽

Today's Affirmation

_____ _____
(write here)   (date)

Breakfast   Points

_____   _____

_____   _____

_____   _____

Lunch   Points

_____   _____

_____   _____

_____   _____

Dinner   Points

_____   _____

_____   _____

_____   _____

Snacks   Points

_____   _____

_____   _____

_____   _____

Physical Activity   Minutes   Total
                                                                 Points
_____ _____   for
_____ _____   Day
_____ _____

Water   _____

Today's Affirmation

_____   _____
(write here)   (date)

Breakfast   Points

_____   _____

_____   _____

_____   _____

Lunch   Points

_____   _____

_____   _____

_____   _____

Dinner   Points

_____   _____

_____   _____

_____   _____

Snacks   Points

_____   _____

_____   _____

_____   _____

Physical Activity   Minutes   Total
                                                              Points
_____   _____   for
                                                              Day
_____   _____

_____   _____   _____

Water

Today's Affirmation

_____ _____
(write here)   (date)

Breakfast   Points
_____   _____

_____   _____

_____   _____

Lunch   Points
_____   _____

_____   _____

_____   _____

Dinner   Points
_____   _____

_____   _____

_____   _____

Snacks   Points
_____   _____

_____   _____

_____   _____

Physical Activity   Minutes   Total
_____   _____   Points
                                          for
_____   _____   Day

_____   _____

Water   _____

Today's Affirmation

_____   _____
(write here)   (date)

Breakfast   Points

_____   _____

_____   _____

_____   _____

Lunch   Points

_____   _____

_____   _____

_____   _____

Dinner   Points

_____   _____

_____   _____

_____   _____

Snacks   Points

_____   _____

_____   _____

_____   _____

Physical Activity   Minutes   Total
                                                             Points
_____   _____   for
                                                             Day
_____   _____

_____   _____

Water   _____

Today's Affirmation

_____   _____
(write here)   (date)

Breakfast   Points

_____   _____

_____   _____

_____   _____

Lunch   Points

_____   _____

_____   _____

_____   _____

Dinner   Points

_____   _____

_____   _____

_____   _____

Snacks   Points

_____   _____

_____   _____

_____   _____

Physical Activity   Minutes   Total
                                                                      Points
_____   _____   for
                                                                       Day
_____   _____

_____   _____   _____

Water

Today's Affirmation

Breakfast   Points

Lunch   Points

Dinner   Points

Snacks   Points

Physical Activity   Minutes   Total Points for Day

Water

Today's Affirmation

_____   _____

Breakfast   Points
_____   _____
_____   _____
_____   _____

Lunch   Points
_____   _____
_____   _____
_____   _____

Dinner   Points
_____   _____
_____   _____
_____   _____

Snacks   Points
_____   _____
_____   _____
_____   _____

Physical Activity   Minutes   Total
                                                        Points
_____   _____   for
_____   _____   Day
_____   _____

Water   _____

Today's Affirmation

_____   _____
(write here)   (date)

Breakfast   Points
_____   _____
_____   _____
_____   _____

Lunch   Points
_____   _____
_____   _____
_____   _____

Dinner   Points
_____   _____
_____   _____
_____   _____

Snacks   Points
_____   _____
_____   _____
_____   _____

Physical Activity   Minutes   Total
_____ _____   Points
_____ _____   for
_____ _____   Day

Water   _____
⊔ ⊔ ⊔ ⊔ ⊔ ⊔ ⊔ ⊔

Notes

Notes

Notes

Notes

Notes

Notes

Notes

Notes

Made in the USA
Monee, IL
04 February 2022